Parvana

Une enfance en Afghanistan

La bande dessinée

D'après le roman de Deborah Ellis
et le film réalisé par Nora Twomey et produit par
Aircraft Pictures, Cartoon Saloon et Melusine Productions.

Texte français d'Isabelle Allard

■SCHOLASTIC

NOUS ÉTIONS UN PEUPLE SUR UNE TERRE
FRACTURÉE ENTRE LES GRIFFES DES
MONTAGNES HINDOU KOUCH, BRÛLÉE PAR
LE REGARD ARDENT DES DÉSERTS DU NORD.

NOUS ÉTIONS UN LIEN AU RESTE
DU MONDE, TRANSPORTANT DES
MARCHANDISES D'EST EN OUEST.

NOUS ÉTIONS LE PLUS GRAND DES TRÉSORS
POUR NOTRE TERRE, MAIS ELLE ÉTAIT
SITUÉE EN BORDURE D'EMPIRES EN
GUERRE LES UNS CONTRE LES AUTRES.

DANS CE CHAOS, CERTAINS SE SONT TOURNÉS VERS CEUX QUI PROMETTAIENT DE RAMENER L'ORDRE. MAIS À QUEL PRIX?

LES FEMMES NE DOIVENT PAS SORTIR...

SI UNE FEMME SE DÉVOILE, ELLE SERA MAUDITE...

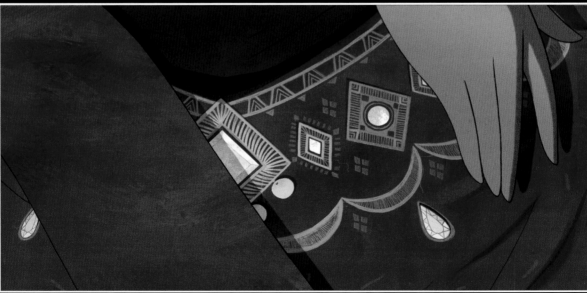

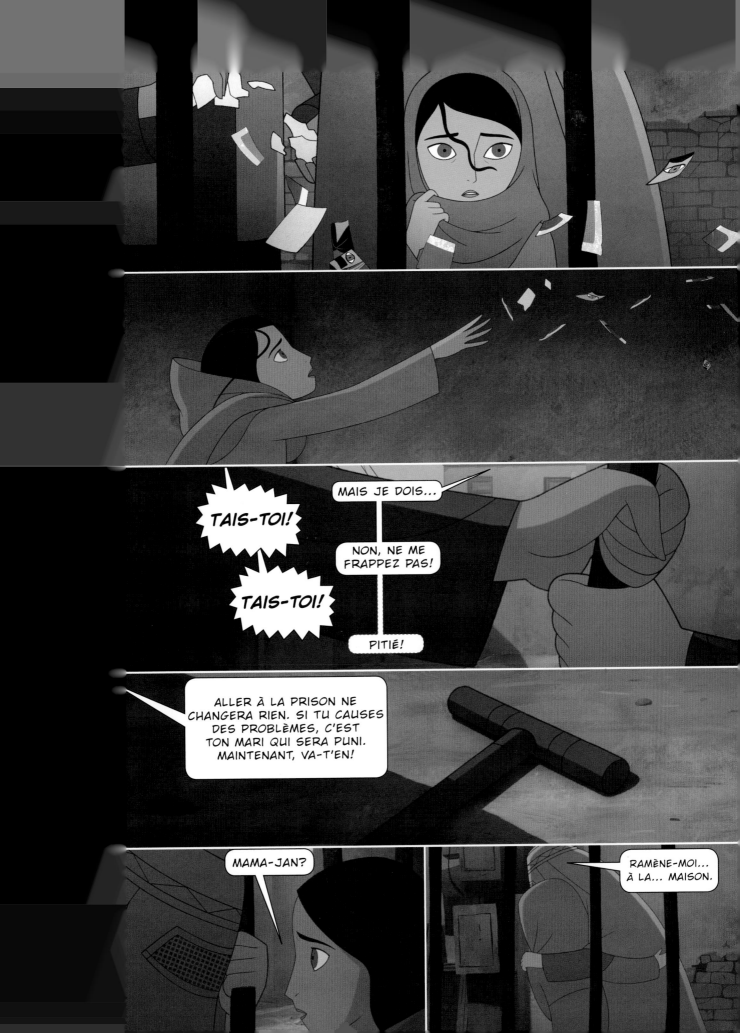

JE SUIS DÉSOLÉ DE T'APPRENDRE QUE TA FEMME, HALA BEGUM, EST MORTE EN SE RENDANT AU MARIAGE DE SA SŒUR.

L'AUTOBUS DANS LEQUEL ELLE VOYAGEAIT A SAUTÉ SUR UNE MINE. SES BLESSURES ÉTAIENT TROP GRAVES ET ELLE EST MORTE QUELQUES HEURES APRÈS.

JE SAIS QUE CE SERA UN CHOC POUR TOI. QU'ALLAH TE BÉNISSE, GUIDE TES PAS ET TE DONNE DU COURAGE.

MES CONDOLÉANCES.

43

CHER COUSIN, JE T'ÉCRIS POUR T'ANNONCER QUE MON MARI, NURULLAH, A ÉTÉ ARRÊTÉ. MA FAMILLE EST DANS UNE SITUATION DÉSESPÉRÉE ET J'AI BESOIN DE TON AIDE. MA FILLE AÎNÉE, SORAYA, EST EN ÂGE DE SE MARIER. L'ACCEPTERAIS-TU COMME ÉPOUSE POUR TON FILS AJMAL...?

47

Kaboul, route de Jalalabad...

IDREES! RAPPORTE LE FUSIL!

DORÉNAVANT, TU NE SORTIRAS PLUS. C'EST TROP DANGEREUX.

QUOI?

ON A ARRANGÉ UN MARIAGE POUR TA SŒUR, À MAZAR. QUELQU'UN VA VENIR NOUS CHERCHER APRÈS-DEMAIN. TU N'AURAS PLUS BESOIN DE FAIRE ÇA.

JE PEUX CONTINUER À PRENDRE SOIN DE VOUS!

CE N'EST PAS LE RÔLE D'UN ENFANT. CHAQUE JOUR, TU RENTRES ICI AVEC DES ECCHYMOSES ET DES COUPURES. CHAQUE JOUR, TU SORS ET JE NE SAIS PAS SI JE TE REVERRAI. JE NE VEUX PAS TE PERDRE, TOI AUSSI.

JE NE PARTIRAI PAS. BABA POURRAIT REVENIR ET IL N'Y AURAIT PLUS PERSONNE POUR L'ATTENDRE.

COMBIEN DE TEMPS FAUDRA-T-IL L'ATTENDRE? JUSQU'À CE QUE TU SOIS DÉMASQUÉE ET ARRÊTÉE? OU QUE J'ENVOIE ZAKI TRAVAILLER?

LAISSE-MOI ALLER LE VOIR. JE VEUX LUI ANNONCER NOTRE DÉPART. JE VAIS LUI APPORTER SON BÂTON. ENSUITE, JE PARTIRAI AVEC VOUS, C'EST PROMIS.

LAISSE-LA Y ALLER, MAMA-JAN.

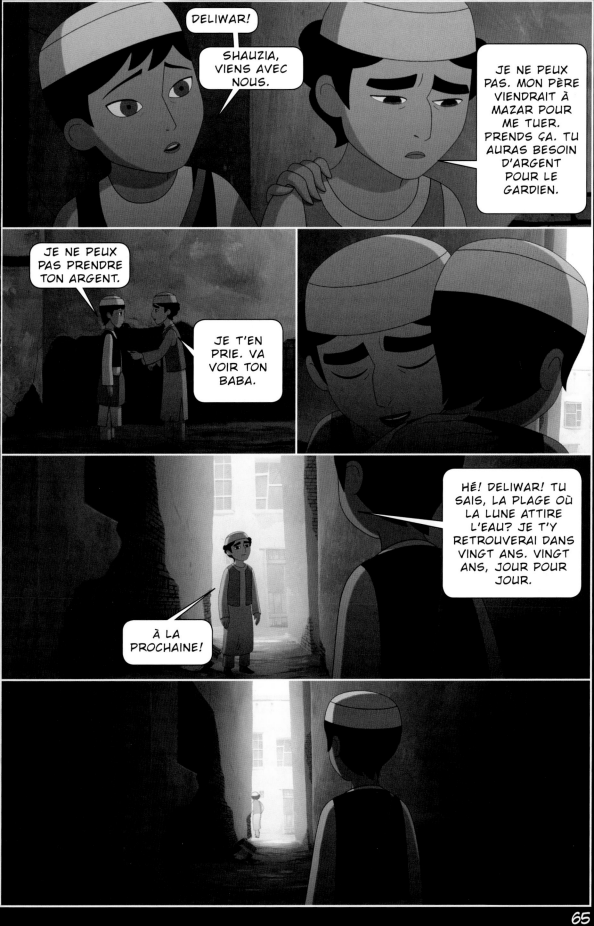

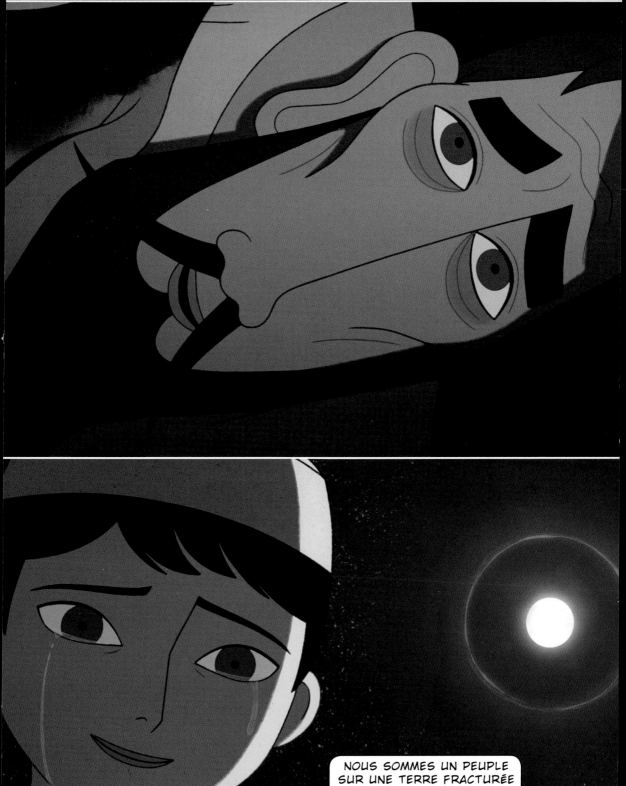

ÉLÈVE TES MOTS, PAS TA VOIX. C'EST LA PLUIE QUI FAIT POUSSER LES FLEURS, PAS LE TONNERRE. — RUMI

Note historique

L'Afghanistan est un petit pays qui relie l'Asie centrale à l'Asie du Sud. Il a été envahi par les armées d'Alexandre le Grand, celles de l'empire mongol, des Britanniques et de l'Union soviétique.

Cette dernière invasion a eu lieu en 1979, quand les combattants soutenus par les Américains se sont opposés au gouvernement appuyé par l'Union soviétique, ce qui a déclenché une décennie de brutalité. De nombreux groupes militaires opposés aux Soviétiques ont été appuyés par les États-Unis et d'autres pays occidentaux, même si ces groupes ne se préoccupaient nullement des droits du peuple afghan. Les combats ont été féroces, cruels et de longue durée.

Après la défaite des Soviétiques en 1989, une guerre civile a éclaté, où différents groupes armés ont lutté pour prendre le contrôle du pays. Des millions d'Afghans sont devenus des réfugiés et sont allés vivre dans d'immenses camps au Pakistan, en Iran et en Russie. Un grand nombre d'Afghans ont été tués ou mutilés, ou sont devenus aveugles ou orphelins. Beaucoup ont perdu la raison après tant de souffrance et de terreur.

La milice des talibans, l'un des groupes jadis financés, entraînés et armés par les États-Unis et le Pakistan, s'est emparée de la capitale, Kaboul, en septembre 1996. Les talibans ont imposé aux filles et aux femmes des lois extrêmement restrictives. Les écoles pour filles ont été fermées, on a interdit aux femmes d'occuper un emploi, et un code vestimentaire strict a été mis en place. Les livres ont été brûlés, les téléviseurs fracassés, et la musique, sous toutes ses formes, a été bannie.

À l'automne 2001, Al-Qaïda, un groupe terroriste basé en Afghanistan et composé majoritairement d'hommes provenant d'autres pays, a lancé des attaques contre le Pentagone et le World Trade Center à New York. Les États-Unis ont réagi en dirigeant une coalition pour bombarder l'Afghanistan et chasser les talibans du pouvoir. Au cours des années suivantes, des milliers de soldats de différents pays ont perdu la vie en combattant les talibans. Des milliers de civils afghans ont été tués, blessés et chassés de leur maison à cause des combats.

On a ensuite tenu des élections, formé un nouveau gouvernement et adopté une nouvelle constitution. Des écoles pour filles et garçons ont été ouvertes et les femmes ont pu retourner sur le marché du travail. Malgré tout, le pays a toujours du mal à se relever de ces décennies de destruction.

La paix est loin de régner en Afghanistan. Même si les lois ont changé, de nombreux hommes croient toujours que les femmes sont leur propriété. Le nombre de mariages forcés d'enfants et d'abus contre les femmes est toujours très élevé. Les filles ont le droit d'aller à l'école selon la loi. Toutefois, l'éducation demeure un rêve inaccessible pour la plupart d'entre elles en raison d'une pénurie d'enseignantes (de nombreuses familles refusent que leur fille ait un enseignant masculin), des moyens de transport peu sécuritaires, de la croyance répandue que les filles sont destinées avant tout au mariage et à la procréation, ainsi que du manque d'écoles, de livres et de fournitures scolaires. On continue de brûler des écoles pour filles et d'assassiner des militantes.

Les Afghans connaissent la guerre. Ils connaissent l'oppression et ont vu une forme de brutalité prendre fin pour être aussitôt remplacée par une autre. Pourtant, nombre d'entre eux se lèvent chaque matin et passent leurs journées à essayer d'améliorer la vie de leur famille, de leur communauté et de leur peuple. Cette générosité quotidienne demande un courage exceptionnel. Il est possible de nous joindre à eux en les aidant comme nous le pouvons, où nous le pouvons et quand nous le pouvons, afin de rendre le monde meilleur pour tous.

— Deborah Ellis

Catalogage avant publication de Bibliothèque et Archives Canada

Tanaka, Shelley
[Breadwinner. Français]
Parvana, une enfance en Afghanistan : la bande dessinée / basé sur le livre de
Deborah Ellis ; adapté du film réalisé par Nora Twomey, produit par Aircraft
Pictures, Cartoon Saloon et Melusine Productions ; texte adapté par Shelley Tanaka
du film The Breadwinner, d'un scénario par Anita Doron ; texte français d'Isabelle Allard.

Traduction de: The breadwinner.
ISBN 978-1-4431-6852-6 (couverture souple)

1. Romans graphiques. 2. Adaptations. I. Twomey, Nora. II. Doron, Anita
III. Ellis, Deborah, 1960- . Breadwinner. IV. Titre. V. Titre: Breadwinner. Français.

PN6733.T354B7314 2018   j741.5'971   C2017-906652-8